VERSOS DE UN PAÍS
QUE NUNCA PIERDE LA ESPERANZA

Versos de un país

que nunca pierde la esperanza

Poesía bonita y que se entiende de Argentina

MARESÍA

Pie de Página

Título original: *Versos de un país que nunca pierde la esperanza. Poesía bonita y que se entiende de Argentina*
Primera edición, 2025

© VV. AA.
Coordinadora de la edición: Camila Mermet
© Diseño de cubierta: Pablo Pérez Puig
© Diseño y maquetación de interior: Marta Vega

Depósito legal: M-10332-2025
ISBN: 978-84-129947-6-6

Impreso de forma cariñosa en España.

Índice

El poema siempre es el otro,
Camila Mermet   9

1. Marina Peque   11

2. Nicolás Martinez   17

3. Lourdes López   23

4. Carolina Schmidt   27

5. María del Socorro Díaz Colodrero   31

6. Abril Rufino Bonomo   35

7. Vek   39

8. Morena Ponce   45

9. Federico Pérez Losada   53

10. Gala Halfon   59

11. Francisco «Frano» Oksman   63

12. Camila Caligiuri   69

13. Elian Turlione   73

14. Imanol Guerschman   79

15. Carmela Ercolani   85

16. Antonella Leiva   91

17. Felipe Hourcade   95

18. Gerardo Montenegro   101

19. Lucía Aragón   107

20. Mara Crispino   113

21. Fernando de la Rosa   117

22. Nadia Sapag   123

23. Dani Cordero   127

24. Juan Ignacio Guitian   131

25. Ana Clara Millán   135

26. Walter Godoy   141

27. Consuelo Iturraspe   149

28. Patricio Foglia   155

29. Josefina del Pópolo   161

30. Martina Cruz   165

31. Siro Badaracco   171

32. Ailín Moreno   175

El poema siempre es el otro
CAMILA MERMET

Porque me duele si me quedo,
pero me muero si me voy.
Por todo y a pesar de todo, mi amor,
yo quiero vivir en vos.
Serenata para la tierra de uno, María Elena Walsh

Estos poemas son escritos por hombres y mujeres de mi país, Argentina. Un pedazo de tierra enorme, que contiene todos los climas, todos los paisajes. El obelisco, la calle Corrientes, las calles empedradas, el tango, las empanadas, el dulce de leche, el asado, las florerías abiertas a cualquier hora, el folklore, las juntadas con amigos, el frío de Ushuaia, el sol de Jujuy, Messi, Maradona, Borges, Pizarnik, Bellessi, Piglia. Tantas cosas que nos hacen espectaculares, tantas otras que te ponen triste. Por eso, ser argentino es ejercitar la esperanza.

Toda antología termina siendo personal, aunque una no quiera ni lo busque. Toda antología termina hablando de una misma, porque la poesía es el corazón de las cosas y los poemas espejos que siempre nos devuelven una imagen clara y nítida de algo que no entendíamos, hasta que otra persona le puso palabras.

Esta antología reúne poemas de poetas contemporáneos que habitan el imaginario argentino: la ternura, la nostalgia, la amistad, el amor, los padres, el trabajo, el agradecimiento.

1

Marina Peque

MARINA PEQUE (BUENOS AIRES, 1986). Artista y gestora cultural y un engranaje fundamental de la maquinaria de la cultura *under* de Buenos Aires. Fue parte de bandas como The Calefons (2005-2012), Push Up, Juntxs (tributo a Cris Morena) y del colectivo de poesía TKM, con el que organizó eventos de poesía y perfo durante 2022 y 2023. Actualmente es programadora artística en COOPERATIVA CULTURAL QI, un centro cultural situado en Villa Crespo, CABA.

Hoy me di cuenta que Charly García
se va a morir.
duele ver una sonrisa
un bigote
una silla
una firma de un contrato
por un disco
que quizás no escuche.

me di cuenta que se va a morir Charly
y sentí algo
en la panza
como cuando te corta
tu novio.
como la profundidad de una herida
que te haces
en tu casa
haciendo algo cotidiano.
al principio parece superficial,
pero con los días el dolor
se hace carne
y la carne se pudre
se cae

se sale la piel
y crece nueva
pero el raspón
te recuerda siempre
que ese día te cortaste.

me di cuenta que se va a morir
y no podemos hacer nada.
no hay remedio
para ese final.

las personas que mueren
después de consagrarse
en realidad no mueren del todo.
mi propósito en esta vida
es que mi arte
nunca muera.
como Charly,
si mañana dejara el plano de la realidad,
seguirá vivo en cada mañana
que yo esté en busca
de algo
naranja y verde;
saldremos con brazaletes
con la S, la N y la M.
si voy de la cama

al living
la asociación será inevitable.

hoy me di cuenta que Charly García se va a morir.
todos nos vamos a morir.
en la vida de Charly ya se murió gente.
y él será el muerto de alguien,
de todos.
un funeral inmenso
por la 9 de julio
con parlantes gigantes
reproduciendo
te encontraré una mañana
dentro de mi habitación
y prepararás la cama
para 2.

Comentario de la autora

Este poema fue inspirado por una noticia donde se lo ve a Charly firmando para sacar un nuevo disco.

Comentario de la editora

Charly García es parte del entramado de la identidad de nuestro país. Es el personaje que todos queremos, te guste o no su música, porque eso convierte a alguien en un artista: que todas las generaciones del país donde naciste te conozcan y repitan frases que dijiste en algún momento de tu vida.

2

Nicolás Martinez

Nicolás Martinez (Buenos Aires, 1993). Cursó sus estudios primarios y secundarios en el Instituto Macnab Bernal. Es electricista y trabaja como supervisor en un hospital. Participa de ciclos y talleres de poesía desde 2020.

DORADO SOBRE PLATEADO

ganamos algo y algo se fue
algunos hijos son padres
y algunas huellas ya son la piel
Charly García

últimamente me aburro
en ese limbo pienso en vos
tu ausencia me invade el cuerpo
como un látigo helado
me sumerjo en un mar
en el que sé bien
los peces me comerán entero
volví a fumar:
me prendo fuego y barro las cenizas
sirvo y bebo dorado sobre plateado
dorado sobre plateado
dorado sobre plateado
      dorado
           sobre
                plateado igual que vos
encontraste las llaves de un bar

entre todas las pastillas que te tragás
las palabras no dichas me hicieron llegar tarde
esta vez quisiste tanto quedarte
que te fuiste para siempre
y así como llega, también, se va:
una aguja fugaz
tu ausencia abandona mi cuerpo
como un relámpago que se desvanece.

NICOLÁS MARTINEZ

Comentario del autor

«Dorado sobre plateado» habla de alguien que recuerda y se adentra en lugares donde sabe no va a salir del todo entero. Es algo irónico también, un poema agridulce quizás.

Comentario de la editora

Mis poemas favoritos son esos que se pueden sentir y se pueden ver y se pueden oler y se pueden escuchar. Como este.

3

Lourdes López

Lourdes López (Bahía Blanca, 1996). Es profesora de Letras por la Universidad Nacional del Sur. Actualmente, se desempeña como docente en escuelas secundarias de la provincia de Buenos Aires e imparte clases de latín por internet. Desde 2018 organiza Ciclo Emergentes: un espacio poético, participativo y popular. También es vicepresidenta de la Cooperativa Cultural Trafkintu, espacio organizador de la Feria Internacional del Libro de Bahía Blanca. En 2019 publicó *La revolución de las flores* por HD Ediciones, gracias al Fondo Municipal de las Artes. En 2022 publicó *Restos de fe* a través de la plataforma Trafkintu y *Hay algo sagrado en este corazón profano* por Cepes Ediciones. En 2023 publicó *Catu10*, un libro con traducciones del poeta latino Catulo, por la editorial Es Pulpa.

La ley

«Vengo a ordenar el mundo»

dijo Dios y me entregó el lenguaje.

Pero ninguno de los dos sabía

que entre lo divino y lo profano

está mediando el silencio.

Él pensó que había terminado

y yo quedé esperando mi misión.

Ahora, cada vez que hablo,

suceden tormentas.

Comentario de la autora

Cada tanto vuelvo a este poema. Creo que pone en palabras algo que siempre me preocupó: la relación divina del lenguaje con el mundo. Es complicado. En principio, porque el lenguaje, más que algo divino, es algo humano. Es la palabra, es el mito, lo que nos diferencia del mundo animal (creo que solo los monos son capaces de engañar, pero nunca llegan a mentir). En algún momento de la humanidad, empezamos a ponerle nombres azarosamente a las cosas: a esto lo vamos a llamar árbol, a esto casa, a esto rayo. Pero lo más interesante es que, en algún otro tiempo, comenzamos también a nombrar lo que no veíamos: dios, ternura, silencio. Ahí entró en juego lo divino. La fe no existiría sin el lenguaje, sin esa capacidad de recrear lo que no está ahí frente a nuestros ojos, pero que sabemos que existe. Y hay algo ahí, en la voluntad de la palabra para crear mundos, que es lo que nos hace ambas sustancias: humanos, pero también dioses.

Comentario de la editora

Leer a Lourdes siempre se siente como entrar en una iglesia silenciosa de techos altos: sabes que algo cambió, que ya no sos el mismo, que algo pronto se va a revelar.

Lourdes López

4

Carolina Schmidt

Carolina Schmidt (Bahía Blanca, 1992). Nacida en Bahía Blanca, a los 17 años se mudó a Buenos Aires —lugar donde reside actualmente— para estudiar la Licenciatura en Ciencias de la Comunicación, pero no entregó la tesis. Su búsqueda iba por otro lado. En paralelo y siempre con la escritura como motor, tomó talleres con Diego Paszkowski, Federico Falco y Natalia Rozenblum. Luego pensó en la necesidad de ponerle cuerpo a la escritura y estudió actuación con Eduardo y Diego del Valle y también tomó clases en la Escuela de Teatro de Buenos Aires de Raúl Serrano.

Actualmente estudia la Licenciatura en Artes de la Escritura en UNA, donde descubrió su amor por la poesía. También asiste al taller de Paula Peyseré y Roberta Iannamico.

Es creadora de Espero que Vuelvas: un ciclo de poesía performática con un elenco estable y poetas invitados, el cual se encuentra en la programación anual de la Casa del Árbol. Su proyecto fue seleccionado en una convocatoria de lecturas performáticas del Centro Cultural Recoleta, donde se realizó una edición especial del ciclo en abril de 2023.

ANULO MUFA

Deseo
que siempre haga 21 grados
el clima más amigable
yo más amigable con todo
también conmigo
que Argentina llegue a la final de la copa del mundo
que salgamos a festejar.
Abrazarte en Perú y Avenida de Mayo
agarrar tu cara con mis manos
un poco pegoteadas por el choripán
y la transpiración de la lata de cerveza.
Que no me importe y darte un beso
que compartamos un pucho
y saltemos.
Que me duelan un poco las rodillas
porque esto de los treinta y el dolor
los treinta y descubrirme
en esta versión de mí
que me divierte y me da miedo.
Me envuelvo con tu pelo
¿Y si nos quedamos acá?
pidamos comida
tengo que regar las plantas
¿Me ayudás?

Comentario de la autora

Este poema es especial para mí porque lo escribí en noviembre de 2022, apenas estaba empezando el Mundial. Lo siento como uno de mis poemas más sinceros. Los argentinos solemos reunirnos para muchas ocasiones en la calle. Pero el momento de juntarnos a celebrar es uno de mis favoritos.

Este poema nació como un deseo que se cumplió: ese diciembre de ese mismo año, en la calle, hubo una fiesta popular.

Comentario de la editora

Este poema me da alegría y en eso radica su belleza: Carolina demuestra que se pueden escribir poemas desde la alegría, desde un deseo colectivo, se puede escribir desde la felicidad.

CAROLINA SCHMIDT

María del Socorro Díaz Colodrero

MARÍA DEL SOCORRO DÍAZ COLODRERO (CORRIENTES, 1988). Cursó sus estudios primarios y secundarios en la ciudad de Goya, Corrientes, en el Instituto Hispanoamericano. En Buenos Aires estudia licenciatura en Actuación, carrera que no termina, y hace teatro independiente. También le interesan la música, el cine, la fotografía, la psicología y la filosofía. En el año 2011 vuelve a Goya y en diciembre de 2017 se recibe de profesora en Lengua y Literatura en el Instituto Privado Superior Presbítero Manuel Alberti. Publica cuatro libros de poesía de manera independiente: *Se desata el fuego* (2020, editorial Puntoaparte), *El paso del caracol* (2021, Niña Pez Ediciones), *Haikus en el espejo* (2022, editorial Puntoaparte) y *La fiesta de las calabazas* (2023, editorial Puntoaparte).

Bar antiguo

Hay un bar antiguo, de luces tenues
al que me gusta ir los domingos, cuando
en casa se acaba el buen humor y me doy cuenta
de lo rápido que envejecen las frutas. El café se enfría
y no hay juego que valga. Entonces voy al bar,
que queda en una calle de tierra. Me lleno de polvo.
Eso me gusta. Y me gusta la felpa verde
de las mesas. Entro. La puerta cruje. El piso
es de madera. Hay olor a cigarrillos. Elijo la mesa del
                                               [fondo,
la de la felpa, la que tiene restos de migas de tostados
y da a un patio con un limonero. Pienso en la novela de
                                               [Saer
y mi soledad se reúne con el duelo y con la nostalgia.
Mi soledad de repente tiene una mesa de felpa verde,
amigos imaginarios que fumamos mientras conversamos
y un limonero que nos integra. El mozo trae
los vasos de cerveza, camina muy despacio.
Es como si el lunes dijera, anticipándose:
mejor bajemos las persianas.

Comentario de la autora

El poema «Bar antiguo» nació en un encuentro con Frank Báez en el espacio «Dentro del poema» propuesto por nau experiencias, una escuela de escritura virtual en la que nos encontramos una vez al mes, el primer jueves de cada mes, para leer poesía. Inés y Pedro Mairal invitan a autores, leemos en voz alta y a veces escribimos. Concibo la poesía, y la escritura en general, como diálogo. Leer nos ayuda a aprender a mirar.

Comentario de la editora

Pier Paolo Pasolini dice que en la poesía todo tiene solución. Annie Ernaux dice que, si no escribimos las cosas, no han llegado a su término, solo se han vivido. Este poema, poblado de imágenes, colores, olores, objetos, muestra esa ventana de luz que nos ofrece la escritura.

MARÍA DEL SOCORRO DÍAZ COLODRERO

6

Abril Rufino Bonomo

Abril Rufino Bonomo (Tierra del Fuego, 1995). Nació en Río Grande (Tierra del Fuego, Argentina) y vive en CABA. Es poeta y traductora literaria de inglés. Publicó su primer libro *Doce meses de verano* por Ineditados Publicaciones (2024), y dos fanzines autogestionados: *Diarios de Compañía*, durante la pandemia en 2020, y *siempre tendré poesía*, en 2022. Además, participó de las antologías *Algo tengo para decir: Poéticas políticas* y *Algo tengo para decir II: Lo animal es poético*, compiladas por Jacqui Casais. También participó del Festival Poesía Ya!, organizado por el Centro Cultural Kirchner en diferentes ediciones. En 2023, comenzó a producir el ciclo de poesía «Primavera todo el año» junto con Pilar Sanjurjo. Desde diciembre de ese mismo año, lleva adelante el fanzine bimestral *Poetas Antifascistas*.

Flores sobre un bar

Rosas fucsias violetas son las flores que decoran
la ventana de un bar
las copas medio llenas duermen
en la esquina justo en frente de la estación
ahí entramos a veces riendo, a veces
de la mano
bajamos y subimos escalón
tras escalón hasta poner pie
sobre el andén caliente
ni un segundo tiene que pasar y llega
uno de esos subtes que por momentos corre
sobre las alas de la tierra donde a veces vamos
colgados de los caños o sentados sobre
esos cuadrados de plástico, siempre
riendo, siempre
besándonos, siempre
con tus dedos acariciando
el lomo de mi risa y mi piel casi flotando no siente
ni el pegote del asiento ni la humedad que plaga
este tubo donde pasamos
cuarenta minutos para ir, cuarenta
minutos para volver, solo sabe encontrar
tu roce

Comentario de la autora

Escribo «Flores sobre un bar» durante unas vacaciones que tomamos con mi pareja. Quise capturar un momento tan cotidiano como es viajar en transporte público y mostrar cómo cada elemento de la escena se vuelve mágico cuando uno está enamorado. Me apoyé en los detalles para construir imágenes claras sobre el recorrido y los ambientes atravesados para que el lector pudiera insertarse en el momento y sentir ese calor contra la piel. Al mismo tiempo, intenté generar con el corte de verso y la melodía el ritmo del movimiento.

Comentario de la editora

El transporte público es quizás la experiencia universal por excelencia, lugar donde se puede dormir, leer, escuchar música, morir y si uno tiene suerte enamorarse.

ABRIL RUFINO BONOMO

7

Vek

VEK (BUENOS AIRES, 1999). Es poeta, gestora cultural y estudiante de comunicación social. Coordinó el taller La Poesía es una Alarma que no Puedo Desactivar (2021-2023). Organizó los ciclos «Cualquier palabra que digas bastará para enterrarme» (2021), «Rabiosa» (2021) y «Caída suave» (2022-2024); este último en el marco del grupo cultural Mitosis. En 2022 publicó su primer fanzine, *Muchachas en la Orilla / Chicas con Escote*, junto a Lu Mandarina. En 2023 publicó su primer poemario *Un lago profundo donde nado sola*. Realizó talleres de poesía con Flavia Calise y Malena Saito. Actualmente presta servicios editoriales independientes.

ESTE DESIERTO LLEVA MI NOMBRE

El árbol de la esquina se cayó
lo escuché derrumbarse
entre el humo y el silencio
planto las cosas que dejaste
nada crece:
este desierto lleva mi nombre
quiero estar a favor del viento
hundirme en la falta
sin desaparecer por completo
me arrugo en la bañera
llena de sal
la mesa es un despelote
no conozco el orden
de las cosas bellas
llegará mañana
una lluvia que amase
la ropa colgada
que sorprenda a los niños
que miran inquietos por la ventana
esperando como yo
un invierno que nos proteja
quizás, ese es el problema

esperar la caricia
de un asesino, soportar
el ardor de una llama
que nos hiere, pero nos gusta.

Comentario de la autora

Este poema se puede acompañar con las canciones del disco *Grace* de Jeff Buckley. Especialmente «Lover, you should've come over». Se recomienda discreción para la lectura si tiene tristeza u otra enfermedad del corazón.

Comentario de la editora

Leer a Vek siempre es tener el corazón en la mano y un vestido en el placard, para pintarse, poner música alta y llorar en la cama.

8

Morena Ponce

Morena Ponce (Río Negro, 1997). Nacida en la ciudad de San Carlos de Bariloche el 4 de junio, trabaja en comunicación, es tallerista, poeta y ha publicado dos poemarios: *El lado áspero de la ternura* (Peces de Ciudad Ediciones) y *Materia Blanda* (Ausencia Editora).

Vive actualmente en la ciudad de Buenos Aires, donde estudia la carrera de Artes de la Escritura en la Universidad Nacional de las Artes. Publica sus poemas bajo el seudónimo de pibitadelsur.

1

mi amor,
cuando vos te fuiste
yo pedía trabajar las 24 horas del día
quería cubrir puestos que no eran míos
aprender cosas que no me interesaban
me anoté en tres grupos de baile distintos
me hice amiga de más de 30 personas
fui a muchos cumpleaños sin tener ganas
me aprendí el horario de todos los colectivos
que pasan por la esquina de mi casa
adopté una gata
compré tierra y trasplanté macetas
moví la cama de lugar
compré sábanas nuevas
invité a dormir una chica
a la que no besé
pero le preparé el desayuno
jamás prendí la televisión
no supe qué música escuchar
dormí poco y soñé mucho
una noche rompí la estampita de tu santo
y después le pedí perdón

2

mi amor,
una amiga me dice
que tengo que descubrir
qué otra cosa puedo hacer con el dolor
que no sea enfermarme
dice que tengo que dejar
de guardarme las cosas,
que es momento,
aprovecho el estar en la sala de espera
de una guardia infinita
y lloro

3

mi amor,
voy en un auto que va a 180 km por hora
acelera y cuando parece que vamos a chocar
se abre un hueco que nos salva
la desgracia nos roza el costado
somos parte de un baile inseguro
tengo miedo de morirme
y solo puedo pensar en tu cara

4

mi amor,
hoy fue otro día largo y pesado
una tormenta muy grande
cae sobre nuestro barrio
de casas bajitas
¿dónde estás?

5

mi amor,
todos los cafés del mundo cierran
y yo simplemente me quedo adentro

6

mi amor,
hoy recordé otras cosas
de las que tampoco
pudimos disculparnos

MORENA PONCE

7

mi amor,
la última vez que estuve acá,
en este puerto,
buscábamos cosas para la casa
que estábamos por alquilar,
ahora estoy sola, compro por unidad,
la gente me choca porque camino despacio.
nadie me espera en la cama,
a nadie le importa a qué hora vuelvo

8

mi amor,
anoche sentí tu perfume en la habitación
por un momento pensé que teníamos la fortaleza
de los que creen que el pensamiento lo puede todo

9

mi amor,
no quiero decir nada
pero los detalles son relámpagos
en mitad de la noche
me iluminan el cuarto

MORENA PONCE

y por mi pared pasa tu cara
como la proyección de un film viejo
yo no sé cómo ni cuándo
pero el tiempo se disuelve y se deforma
cuesta nada la ternura en lo imposible
uno siempre se enamora para perder

10

mi amor,
tengo que dejar de llamarte así.

Comentario de la autora

Elegí este poema porque a la gente que quiero le gusta mucho. A mí me gusta mucho; lo he leído demasiado estos últimos años y, aun así, hasta aquí, había decidido no publicarlo en ningún lugar, ni siquiera redes sociales. Pero creo que es momento de desterrarme de él para que caiga en otras bocas, otras lenguas, otros acentos, otros amores. No estoy segura si aprendí o no algo de ese tiempo de supervivencia, pero sí sé que volver a la palabra siempre funciona como un espejo de lo que fuimos, somos y seremos. Nos guste o no.

Comentario de la editora

El corazón de este poema es el tiempo del amor. La certeza de que siempre perdemos algo cuando se lo damos a otro. Y que quizás eso está bien.

Morena Ponce

Federico Pérez Losada

FEDERICO PÉREZ LOSADA (BUENOS AIRES, 1981). Naci-
do en Lanús, conurbano bonaerense, donde sigue viviendo.
Es cineasta, camarógrafo y fotógrafo. Participó de varios
festivales de cine, en 2017 en BAFICI con la película *Más
allá de Valle de Muñecas*, en 2020 en el festival Escenario
con el corto *El color del ruido*, en 2022 en el festival LupeAr
en Tecnópolis con la pieza *Miniaturismo*. Toca la batería
en la banda Compañero Asma y acompañó en teclados y
percusión el proyecto solista de Manza Esain.

Tiene dos libros publicados; el primero se llama *Un bos-
que de árboles quemados* y salió por editorial Rangún; el
segundo es *Una canción para el fin del mundo* y salió por
Halley Ediciones. Está por publicar su tercer libro, *Cuerpos
regados por el parque*, por Editorial Caburé.

El silencio que sigue

Escuchar el mismo disco
una y otra vez
la púa de la bandeja sobre los surcos
la ceremonia de darlo vuelta
cada vez que termina
porque ese disco
no es un disco
es mi pequeña máquina del tiempo
donde puedo abrazarte
y decirte al oído
que va a estar todo bien
que vamos a estar bien
hace tiempo que pienso en la belleza
en la verdad
en la forma de las superficies
cuando todo se incendia
escuchar el mismo disco
es verte
y que toda noción de extrañar se derrumbe
como me derrumbo ahora
todo lo que no sabemos del otro nos destruye
mientras espero algo

una señal
de que también pensás en mí
de que también escuchás un disco
y me ves
y ves el abrazo y las palabras al oído
hace tiempo que no sé
no sé nada
todo lo que creía saber se fue
¿de qué sirve escribir si no es para recordar?
una canción que es un gesto
de todas las personas que conozco aprendo algo
y además me doy cuenta de que ninguna es vos
entre las palabras que elijo intento no decir amor
porque eso no se sabe qué es
porque es imposible saber bien
qué se hace
cuánto es suficiente
y ahí está de nuevo
la canción
y en realidad
escribir también sirve para imaginar otra cosa
un futuro
algo distinto
algo que no sea esto
escuchar una y otra vez el mismo disco
para capturar una fragancia que no está

FEDERICO PÉREZ LOSADA

escribir
a veces
es lo contrario de morirse
y por eso es fundamental
porque ya se murió mucha gente alrededor
porque ya estoy cansado de la muerte
esta descarga de hormigón que tengo en el pecho
se diluye
cuando cierro los ojos
y te veo
y si eso no es lo contrario de la muerte
si eso no es lo contrario de la tormenta eléctrica
en la calle sin cobijo
si eso no es lo contrario de la tierra golpeando
un ataúd de madera
ya no sé qué es
se me van terminando las palabras
y el disco también vuelve a terminarse
no queda más que el silencio que sigue
hasta que todo
vuelva
a empezar.

Comentario del autor

Surgió de escuchar una y otra vez el disco *Give Up*, de The Postal Service. Ir a dar vuelta el vinilo y volver a darlo vuelta y volver a darlo vuelta y perder la noción de las veces que había hecho lo mismo; tal vez en la necesidad de recrear una sensación, un perfume, algo de una persona que no está.

Comentario de la editora

Como seres humanos nunca vamos a poder escaparnos del duelo, pero sí habitarlo de la forma menos dolorosa posible acompañados de una canción que despierte un recuerdo que despierta a una persona que nos saluda para siempre a la distancia.

Federico Pérez Losada

10

Gala Halfon

GALA HALFON (BUENOS AIRES, 2000). Es actriz, poeta y estudiante de Derecho en la UBA. Actuó en diversas obras de teatro como también participó en producciones audiovisuales nacionales como cortos, series y películas. Inició su formación en la escritura con Jacqui Casais en 2019 y actualmente, desde 2021, en el taller Un Sapo Intuitivo, coordinado por Javier Roldán. Publicó su primer libro, *En el cenicero hay un caramelo de miel*, por Ediciones en Danza y edición de Eduardo Mileo en noviembre de 2023, libro donde relata su relación con una enfermedad autoinmune. Fue publicada en las antologías *Algo tengo para decir* (Editorial Piloto de Tormenta, 2020), *Lo animal es poético* (Editorial Piloto de Tormenta, 2021) y *Juguemos en el Bosque*, antología de la Editorial Camalote. En 2021 editó el poemario ilustrado *Muere lenta mi tarde de verano* junto con la diseñadora e ilustradora Paula Ueberrhein. Fue seleccionada en *Novísimes* (convocatoria federal de poetas sub-25) en el Centro Cultural Kirchner en 2021; participó como intérprete y poeta en «Abuelas 45 años», el homenaje a las abuelas de plaza de Mayo en 2022, junto con artistas como Víctor Heredia y Julián Kartun en el Centro Cultural Kirchner; «100 poemas», homenaje al libro *Veinte poemas para ser leídos en tranvía* de Oliverio Girondo en el Centro Cultural Kirchner; «Hacer un paisaje» en el Centro Cultural Recoleta, y «Noches de verano» en el Centro Cultural San Martín. Coorganiza el ciclo de poesía con óptica transfeminista «Si tuviera un paraguas te lo daría», desde 2021 en vigencia.

–¿*Cuánto estarán las cerezas en Cariló?*
Preguntaba mi mamá
como quien habla
sólo
para musicalizar el ambiente.
Yo tenía un durazno en la mano,
un mate en la otra
y un libro enfrente.
Mis clavículas,
dos ramas sostenidas
por los ángeles
Llevaba un vestido
turquesa besando mi cintura
y el resto de mí
se confundía con la brisa
teñida por el sol
El presente era inmenso y amarillo,
como si Dios fuera un círculo de luz en un baño público
iluminaba mi rostro y me besaba la frente

Comentario de la autora

Este poema forma parte de mi libro *En el cenicero hay un caramelo de miel*; este libro está dividido en tres partes y habla del rebrote de una enfermedad autoinmune degenerativa. Independientemente de las licencias poéticas, es una enfermedad que tuve de los 10 a los 15 años y que tuvo su rebrote a mis 21 años, momento donde mi cuerpo era mi materia prima de trabajo: ser actriz. Momento en el que ya no concebía a la muerte como un horizonte mimoso, hasta ese entonces.

Este poema es de la última sección, la que le da el nombre al libro: «En el cenicero hay un caramelo de miel» es la sección donde lo luminoso se hizo carne, donde pude alivianar el dolor quiera o no gracias a la poesía, a escribir, que es la única forma de capturar el perfume.

Este poema es mi intento de capturar el perfume del momento en el cual la medicación estaba funcionando, el presente era una posibilidad y el futuro también.

Comentario de la editora

Gala Halfon es sin dudas de mis poetas favoritas. Le creo cuando escribe «el presente era inmenso y amarillo» y quiero verlo así yo también, quiero tener ese optimismo, ese corazón avasallante y pasional.

11

Francisco «Frano» Oksman

Francisco «Frano» Oksman (Neuquén, 1997). Creció en San Martín de los Andes, provincia de Neuquén. Es poeta, bailarín, estudiante y docente de la facultad de Psicología UBA. Formó parte del colectivo de poetas performáticos TKM - Te Quiero Mucho Poesía. Publicó su primer poemario en 2023, *Un beso en el golpe* (Criolla Editorial). También en las compilaciones *Lo Haría de Nuevo x TKM* y *Anuario de poesía* (Un Libro Una Casa).

VOY A DEJARTE PARA SIEMPRE

Voy a dejarte después del invierno
no aguanto la idea de que pases frío
más o menos a la altura
en la que se vacíe el frasco
vamos a ver una tira
una historia parecida a la nuestra
y cuando nos reconozcamos
en lo lastimoso
voy a dejarte para siempre

voy a dejarte en la fila del baño
vamos a descubrir entre los dos
una pegatina triste
vas a reír de eso
reís de lo que espero
que te dé vergüenza
el tipo que nos trajo
tuvo una explicación extraña
para el cambio de patente
deberíamos haber bajado
del tenaz transporte
voy a dejarte y es un secreto

FRANCISCO «FRANO» OKSMAN

lo sé sólo yo
una amiga lo piensa

voy a dejarte corazón brillante
negro valiente
la vida no da tregua
antes mojemos los bolsillos
de tus jeans gastados
antes una caricia en la tripa
antes la furia divina

voy a dejarte en mi frente
un aluvión de arena oscura

llevamos los zapatos
resultó que la suela
era la correcta
no caminamos bien
tampoco corremos como antes
lo mínimo era un hallazgo
voy a dejarte por eso
vas a dejarme también

fue muy feliz el día
que estrenamos la gruta entera
sin nada eléctrico

　　　　Francisco «Frano» Oksman

muy feliz el modo
en el que aclaramos la noche
tan feliz no podríamos
soportarlo de nuevo

Comentario del autor

Este poema está inspirado en lo que motoriza siempre mi escritura: la ridiculez del amor. «Voy a dejarte para siempre» es, como la mayoría de mi poética, un desarrollo de pensamiento sobre lo ridículo que es que sucedan cosas comunes. Poética que intenta a la vez pescar en el ridículo la fuga, el punto donde lo que se repite se reedita como algo novedoso. Hacer del amor común a cada poema algo nuevo.

Comentario de la editora

La voz poética nos confiesa algo que solo sabemos nosotros y sin querer somos parte de esa historia. Quizás todos los poemas son secretos de dos.

12

Camila Caligiuri

CAMILA CALIGIURI (BUENOS AIRES, 2001). Escritora y editora. Publicó su primer libro, *De raíces,* en el año 2021 con Niña Pez Ediciones, y su segunda edición en el año 2023, con Miríficas. Formó una comunidad llamada Entre Tantos, ahora convertida en una editorial de narrativa y poesía.

La memoria conjunta de un mundo divino

Cuando los años pasen,
vas a acariciar otra mejilla,
vas a decirle amor a uno nuevo,
y te vas a acordar de mi apodo,
de una lengua extinta,
pero no vas a hacer nada,
solo quedará
en la memoria conjunta.
Porque yo voy a acariciar otra mejilla,
y voy a decir amor,
y me voy a sentir segura,
y por un momento
voy a pensar en lo grandioso que hubiera sido
sentirme segura con vos,
pero esto solo queda
en un mundo divino,
ya extinto,
donde terminan los amores que nos dijimos,
donde dejamos morir la ternura.

COMENTARIO DE LA AUTORA

Hay algo en la elección de UN solo poema (para una persona que tiene bastantes) que enloquece. ¿CUÁL ELIJO? ¿Qué temática, qué criterio? ¿Alguno solemne, tierno o relajado? Yéndome por las ramas, elegí este: uno capaz, creo yo, de conmover por lo cotidiano de un duelo. Lo simple y doloroso de saber que dejar atrás personas es dejar atrás memorias, lenguajes, mundos.

COMENTARIO DE LA EDITORA

Camila dice: Idea Vilariño, las chicas ya no escribimos por los ya no. Escribimos también por los sí, por nuestra historia, por nuestro deseo, por lo que vamos a vivir, porque no es el fin del mundo, porque un corazón roto sobrevive también.

13

Elian Turlione

ELIAN TURLIONE (**ROSARIO, 1997**). Es poeta y fotógrafo. En 2021 participó en la residencia del 29.° festival de poesía de Rosario (FIPR). A principios de 2024 recibió una mención especial en el II Certamen Internacional de Poesía Natalio Valbuena Parra (México). Forma parte de la antología de poesía argentina *Remembranzas del rocío*, de la editorial Converso (México), y de la antología *X Certamen Sierra de Francia* (España). También es colaborador de la revista *Hispanic Culture Review*, de la universidad de George Madison (Virginia, EE. UU.). Actualmente estudia la tecnicatura de Cine y TV en la Escuela Provincial de Cine y Televisión (EPCTV), y coordina el ciclo literario y formativo Proyecto Urbanístico y forma parte del equipo de *slam* de poesía oral de Rosario, Argentina.

Día de la independencia

Cada nueve de julio,
globos y fuegos parten del puerto
rumbo a la suela de las nubes.

Babel aún no se construye.
Los techos de las casas
no compiten por medida.

Con Dora, nos repartimos los sillones.
Mamá y papá tejen breteles en el firmamento.

Por el capricho del tiempo,
las casas se fueron cansando de la tarde.
Los pisos se apilaron.
Los globos ya no vuelan.
Y la sombra de los fuegos
no tiñe las flores de la quinta.

El día que lotearon la casa,
Papá enfermó de los bronquios
y el sol se durmió a las cinco.

Estos montes donde florecían decenas de duraznos
y los cencerros de las vacas dulcificaban el aire,
ahora quedaron sembrados en el cemento.

Con los años, brota una torre de ladrillos,
dando por fruto decenas de balcones.

Hoy resido en un cuarto piso.
Toda la naturaleza se mantiene domesticada
en pequeñas tazas, que, cada tanto,
rebalsan las rejas del balcón
como si buscaran un poco del paraíso perdido.

COMENTARIO DEL AUTOR

Este poema es un homenaje a mi bisabuela; lo escribí a partir del relato de una grabación de ella contando la historia de su vida. Luego de que apagara la cámara, ella me dijo riéndose suavemente: «Cuando yo ya no esté y escuches esto, decí que es el alma mía que está cantando».

COMENTARIO DE LA EDITORA

Las fechas patrias construyen una historia singular en cada casa, en cada familia. El caprichoso correr del tiempo hace desaparecer muchas cosas, pero la poesía siempre dará testimonio.

14

Imanol Guerschman

IMANOL GUERSCHMAN (BUENOS AIRES, 2000). Es estudiante de trabajo social, poeta, tallerista y gestor cultural. Forma parte del colectivo autogestivo Un Libro Una Casa. En 2024 publicó su primer poemario, *El centro de la fiesta*, por Halley Ediciones. Publicó *Los amores imaginarios* en el corriente año con Hexágono Editora.

POEMA DE PLAYA

Estaba nadando
mientras pensaba
en que no agradezco lo suficiente
y el paraíso en la tierra
nunca está tan lejos
pero contaminado.

Un hombre hermoso
me exige agua
por ser de otro país
dice con una sonrisa
que me contagia y suspiro
cómo me gustan los chicos.

El sol hace reflejo en el mar
parece un diamante
la línea de luz llega hasta mí
me siento mágico.

¿Lo vas a usar para un poema?
pregunta mi padre
mientras vemos un bote a lo lejos

tiene un ploteado que dice
Dios es tremendo.

Desde un barco
vimos el santuario
de una virgen protectora
cuenta la leyenda:
si besas a alguien frente a ella
quedan unidos para siempre
yo estaba solo
le di un beso a mi reflejo turquesa.

Comentario del autor

A partir de las experiencias de escritura desarrolladas por la escuela de poesía de Nueva York, y por su fundador Frank O'Hara particularmente, me propuse en este poema buscar exponer los estímulos sensoriales que fui experimentando a lo largo de mi estadía en Búzios, Brasil. Estas experiencias consistían en poder capturar las emociones de un momento particular a partir del diálogo entre los estímulos externos, en mi caso la naturaleza y las personas que me rodeaban, y los estímulos internos o emocionales que fueron despertando este diálogo en mí.

Comentario de la editora

Un poema de colores, texturas, olores, sensaciones en el corazón. Como cuando Mary Oliver escribió «Amate. Luego olvídalo. Ama al mundo luego».

15

Carmela Ercolani

CARMELA ERCOLANI (RÍO NEGRO, 1996). Se recibió recientemente. La carrera que eligió a sus cortos 17 años fue Profesorado en Historia, y a los 27 años logró coronar de gloria esa elección rindiendo su último final en una Universidad Nacional del Sur que muchos conocen como UNCO.

CUATRO PUNTAS

El encuentro entre dos calles forma cuatro esquinas y
                                        [una fue
la nuestra.

[El abrazo. El beso. El dolor de panza. El pucho. El
                                        [chocolate
a la madrugada. La timidez de las copas de esos árboles
                                        [que
nunca se tocan. Fito Páez de fondo. Segundos]

Esas cuatro puntas viven en eterno contacto y marcan el
comienzo, el desenlace y el fin de la nada y un todo.
                                        [Cuatro
puntas de esquina. En el cruce de una con otra te vi. En
                                        [la
otra punta te enseñé la combinación del café con
                                        [helado como un
pacto de amor irremediable. La última, la que
                                        [considerábamos
menos importante, tenía un puesto de flores que nunca
                                        [cerraba,
como si fuera el encargado de que las esquinas se sigan

comunicándose entre sí. Así vos y yo podíamos de
                              [alguna manera
existir.
Nos vamos de acá y no somos nada te repetía cada vez
                              [que vos te
ibas a mitad de cuadra.

[Dos calles. El tiempo. El desgaste. El nacimiento. La
yuxtaposición de espacios. Qué pasa antes. Qué pasa
                              [después. En
qué momento estamos. Termina. Capaz vuelve a
                              [empezar, con las
mismas caras o con otras. No sé]

Como si la vida fuera una esquina. Como si todo se
                              [resumiera en
encontrarla. La intersección de dos calles que forman
                              [cuatro
puntas y una fue la nuestra.
Usted señor. Le digo a mi abuelo. No lo tuteo. Usted
                              [señor
¿Tiene una esquina? Ya no, nena, son trampas mortales
                              [de tiempo
esas cosas, son mantos de lágrimas y a mí ya me duelen
                              [los
ojos.

Carmela Ercolani

El recuerdo es también el acto de quien ha dominado la
[muerte.
Capaz si vuelvo los vea, o nos vea. Como dos nenes de
[10 años
jugando al amor en una esquina que solo en un mundo
[paralelo
resulta suya, y que pactan promesas en poemas.
El puesto de flores sigue abierto, así que el eterno
[contacto
de las puntas sigue existiendo. Capaz vea a otros en ese
[juego.
Capaz otros hagan suya nuestra esquina. Capaz que no
[es solo
nuestra. Pero creámonos dueños mientras llueva y te
[vea cruzar
una y otra vez, hasta que te vayas por donde te vi venir.
[Y la
finitud de todo tome cuerpo.

Comentario de la autora

Este poema en particular que escribí se lo debo a mi primer amor, con quien compartí la vulnerabilidad que solo se puede vivir ¿cuántas?, ¿tres veces en la vida? Aprendí de Gonzalo cosas increíbles, y la sensibilidad adquirida la plasmé en esas palabras. Siempre tuve miedo al olvido, al olvido de las cosas, de lo que sentí, de lo que fue, y este escrito es mi forma de inmortalizarlo para siempre en mi cuerpo, en su corazón. Las esquinas son trampas mortales y sé bien que todos tenemos una. En pocas palabras, escribo sobre lo que más temo, el fin de las cosas.

Comentario de la editora

Las esquinas son parte de la arqueología amorosa de todo enamorado. Habría que destruirlas, o edificar pequeños monumentos: en este lugar dos personas se amaron.

CARMELA ERCOLANI

16

Antonella Leiva

Antonella Leiva (Tucumán, 1996). Nació un 22 de julio en San Miguel de Tucumán, pero se crio en Tafí Viejo, semillero de excelentes poetas y novelistas. Su recorrido literario podría datarse desde sus cuentitos sobre amor, ilustrados con garabatos, a los seis años; pero su primer poema publicado en antología fue para Tucumán Escribe en 2020, gracias al Fondo de las Artes. En 2021, el cuento «Marcas», que, después de que otras editoriales no lo hayan seleccionado, fue finalmente publicado por Ediciones del Parque en la antología *Escritos de mujer: volumen 2*. Desde este último trabajo, trata incansablemente de que otro escrito suyo pueda ser más masivo, enviándole incluso a una editorial inglesa sus escritos, pues es profesora de inglés; pero este deseo aún no se ha convertido en realidad. Sin embargo, Leiva es una escritora y lectora imparable. Como explica la autora, «soy una persona que necesita escribir como catarsis. La escritura me salvó de la depresión, del corazón roto y del fracaso. Es desarraigo puro».

ME VOLVÍ A ENAMORAR

Me volví a enamorar.
La poesía volvió a mí.
Esta vez la alimenté mejor.
Esta vez se nutre de amor del bueno
y bebe la satisfacción de lo seguro.
Honestamente, querida amiga, estamos viviendo
nuestro mejor momento.

Comentario de la autora

Cuando escribí «Me volví a enamorar», volví a invocar a la poesía, que para mí es como un hijo o una mascota; debemos cuidarla y tratar de mejorarla en varios aspectos siempre. El año pasado me enamoré de mi primer novio, a la edad de veintisiete años y después de años de sufrir por amores truncados y unilaterales sentí el ímpetu de escribir como loca y sentía que la habilidad para la poesía que llevo dentro estaba fortalecida, tenía ganas de seguir escribiendo poesía, pues muchas veces me sentí más cómoda con la prosa. Por eso al final me refiero a ella, felicitándonos por estar en nuestro mejor momento, como cuando dos amigas se encuentran en la misma sintonía.

Comentario de la editora
El amor también son las amigas; si no todo el amor son las amigas.

17

Felipe Hourcade

FELIPE HOURCADE (ENTRE RÍOS, 1999). Nació en Concordia, Entre Ríos. Vivió en Rosario siete años. Actualmente, reside en Buenos Aires. En 2021 publicó el libro de cuentos *La fragilidad de los héroes solitarios* (Fluir Editorial), en 2022 la novela breve *No hay fin siempre hay más* (formato folletín, Boca a Boca) y en 2023 autoeditó la plaqueta de poesía *Cuarto de máquinas*. En 2023 salió entre los ganadores del Concurso Poesía Ya!, categoría Novísimes, organizado por el Centro Cultural Kirchner, y participó del Festival Internacional de Poesía de Rosario. Entre 2018 y 2023, dirigió las revistas *Camalote* y *Autores de Concordia*. Actualmente, dicta talleres de poesía y de narrativa. Es editor y corrector de textos. Dirige *Revista El Cocodrilo* y organiza el ciclo literario «Los detectives salvajes» en Rosario y en Buenos Aires.

Nos creíamos inmortales
y el sol tenía una presencia real
hasta cuando andábamos por la sombra.
Los brazos de mi padre eran
ramas de eucaliptus que llegaban
hasta el cielo y podían
bajar las nubes con las manos
para que la luz llegara completa.
En el río castaño la suavidad
de las olas contra la ribera
se transformaba en salvajismo
cuando mi padre
prendía el barco a vapor
y salíamos a brazo partido
a pelear contra lo que no veíamos.
Todos los días una lucha
incansable contra
los fantasmas de mi padre.

Hasta que tomé coraje
y mientras cargaba los cañones

del barco a vapor
dejé caer mis brazos, muertos,

y le dije padre
no quiero seguir
esta vez no hay nadie
que nos quiera hacer daño.

COMENTARIO DEL AUTOR

Escribí el poema poseído por la idea de la herencia paterna. Me inspiró la figura misma de mi padre, y lo que acarrea de linaje familiar esa figura. Se trata de la puesta en escena de una parte de mi novela familiar, como diría Freud. Si bien el poema nace de una particularidad, apunta hacia una universalidad: que el lector pueda identificarse con esa herencia. A través de la poesía, intento explorar el pasado para entender el presente.

COMENTARIO DE LA EDITORA

Tilsa Otta dice que en la poesía hay una segunda oportunidad de hacer mejor sentido. Claudia Masin dice que quizás esa sea la cura que nos ofrece la poesía: reconocernos, salir de la cueva y ser alguien. Pelear con los fantasmas del pasado, decir cosas que no dijimos.

18

Gerardo Montenegro

Gerardo Montenegro (Mendoza, 1997). Empezó a escribir en un blog a los 17 y desde ahí nunca frenó; se presenta en vivo desde 2017 con sus poemas; eso lo llevó a formar parte de la organización del *slam* poético durante dos años y a escribir su primer libro, *Un bastión para soñar*, que fue presentado en la Feria Internacional del Libro de Mendoza en 2022, y al año siguiente formó parte como jurado del Certamen Literario Vendimia en la categoría Poesía.

No lo hice

Mi viejo tiene miedo de que me pegue un tiro
mi vieja tiene miedo de que me pegue un tiro
mi hermana tiene miedo de que me pegue un tiro
y yo
yo no le tengo miedo al tiro
el ruido no me asusta

porque no creo escucharlo

el frío del cañón no me preocupa

sería momentáneo

yo
yo no le tengo miedo al tiro
le tengo miedo a lo que quede en el lugar
el cuerpo destruido
la pared manchada
que me encuentre mi vieja
que se lo diga a mi hermana
que venga mi viejo
que mis amigos lloren

GERARDO MONTENEGRO

que alguien diga
yo me lo esperaba
yo
yo no le tengo miedo al tiro
tengo miedo de lo que pase sin el tiro
despertarme mañana
no tener nada
que me duela el pecho
sentir cada vez menos
no le tengo miedo al tiro
porque los finales no dan miedo
y los comienzos sí

GERARDO MONTENEGRO

Comentario del autor

El poema que elegí es la debacle; lo elijo como represen-
tante de mi obra recordando un poema de Cohen que
eligió Martina Cruz, quien escribió el prólogo de mi libro,
que decía «no me suicidé». Mi grito de vida recuerda la
muerte porque una sin la otra pierden sentido.

Comentario de la editora

Como ese poema de Matthew Dickman que se llama
«Problema» y narra distintas personas que terminaron
con su vida y termina diciendo: «Yo, a la mañana salgo de
la cama, me cepillo los dientes, me lavo la cara, me pongo
la ropa que más me gusta. Quiero ser bueno conmigo».

19

Lucía Aragón

Lucía Aragón (Tucumán, 2000). Es realizadora audiovisual y escritora, técnica en medios audiovisuales por la Escuela Universitaria de Cine, Video y Televisión de la Universidad Nacional de Tucumán (2023). Actualmente está cursando la última materia de la Licenciatura en Cinematografía en la misma institución. Dirige su tesis, una serie web LGBT sobre los vínculos, *Andábamos sin buscarnos*, y también un proyecto independiente, otra serie web que explora los vínculos sexoafectivos, *Estamos ensayando*. Se desempeña en áreas de producción y sonido principalmente, pero en último tiempo ha estado investigando la dirección desde ese lado vincular, que es una temática recurrente en sus obras audiovisuales y también en su poesía. Entre sus producciones se destacan *Rasguños* (productora, 2022), y *Poema 2: exploración de la infancia* (no ficción, realizadora integral). En 2020 publicó un poemario autoeditado y artesanal *Decir te amo diciendo te amo*, participó en la antología *Paradigma* de la editorial Litéfilos y está trabajando en la edición de un *ebook* con la editorial tucumana Tinta Bit. Actualmente trabaja en el departamento audiovisual de Escencial Consultores y en la Cooperativa MANDA. En los últimos años encabezó las producciones de los festivales FAET 3 y FAET 4 (Festival Audiovisual de Estudiantes Tucumanes), como así también el Festimanda y diversos eventos culturales en la provincia. También da talleres de poesía y ensayo audiovisual, de vez en cuando.

POEMA

Amiga
hoy tomé demasiado
vino
demasiado
temprano
demasiadas malas
decisiones
en tan pocas horas
creí que el fondo estaba cerca
sigo cayendo
nadie está dispuesto a
alcanzarme
me hizo frío
llovió un poco
demasiado para
este cuerpo
acostumbrado al calor
de unos brazos
que ya no se extienden
en mi torso
amiga
no amar

es demasiado más
difícil
que sí
que hacerlo

LUCÍA ARAGÓN

Comentario de la autora

El poema que elegí es uno que se me apareció a modo de revelación hace poco; terminé una relación hace varios meses y entré en una espiral de sentir que nunca me iban a volver a amar como lo hicieron, pero en realidad lo que más me pesaba era la idea de que yo no iba a poder amar así de nuevo. La idea de no amar, de no estar amando, me atormentaba seguido. Porque me encanta el amor, me encanta amar, entregar, dar, estar; creo que soy una mina muy amorosa y transparente en cuanto a lo que siento y de repente me percibí vacía. Eso, sentía la vaciedad en el cuerpo. Y me di cuenta que a mí lo que me llena es el amor, siempre. Creo que no se habla mucho de lo difícil que es no estar amando, y creo que ahí encuentro el valor de este poema, poner en palabras eso.

Comentario de la editora

Como cuando en *Las penas del joven Werther* él dice «mi corazón, este corazón, única cosa de que estoy orgulloso, única fuente de toda fuerza, de toda felicidad y de todo infortunio. ¡Ah! Lo que yo sé, cualquiera lo puede saber; pero mi corazón lo tengo solo yo».

20

Mara Crispino

MARA CRISPINO (BUENOS AIRES, 1970). Es artista visual. Estudió en la Facultad de Artes de la Universidad Nacional de La Plata, en las especialidades Escultura y Grabado. Muchas de sus obras formaron parte de convocatorias y salones como también de muestras colectivas e individuales. Fue seleccionada en el Salón Provincial Pettoruti en el año 2017 con la obra *BLANCO*, y en el Salón de Pintura del C. de Agrimensura de la Prov. de Buenos Aires en el año 2012 con la obra *Agosto 1936*. Con el libro de artista colectivo «ELLA», arte/vida 365 participó de la feria ARTE BA en 2014, y en la muestra interdisciplinaria «Ni con el pétalo de una rosa», en Colombia. Su primer encuentro con la palabra escrita fue a través de un taller de poesía visual en 2020 y 2021. En 2024 realiza la muestra individual «Cómo vas a morir un martes», en la que incluye además de una instalación de sitio específico, fotografías, piezas realizadas con esculturas, fragmentos de relojes y poesías.

Inventario

Tengo una libreta
un lunar en el párpado
un plan
una hermana muerta
hormigas en el jardín
un vestido de crepe negro
tengo boca grande
pies enormes
sofocos
ojos verdes
y una cicatriz
un prendedor de oro con forma de ciervo tengo
el pesimismo intacto, la receta del budín
el rifle que heredé de mi padre

ayer tenía ganas
hoy un poco de sueño.

Comentario de la autora

El poema que elijo formó parte de «¿Cómo vas a morir un martes?». Trabajé a partir del archivo familiar de la relojería paterna y de la resignificación de esos elementos luego de la muerte de mi hermana. Habitando un pasado segmentado, en este presente (hoy pasado), donde se rescata la vitalidad silenciosa de los objetos con la tarea inconclusa que los corroe, con las ausencias que los sostienen. Bailando al ritmo del duelo. La ausencia de otro cuerpo se expande y hace más visible el propio. La tensión del proceso aumenta, sobrepasa la materia, hace surgir la pregunta. Mi selección de este poema sostiene la idea que me convoca en mi tarea y la representa en este armado de un pequeño inventario.

Comentario de la editora

En este poema el objetivo recae en el humor y en el pesimismo para hablar de los espíritus que rodean esos objetos que amamos y nos hace pensar en esa pregunta mayor de ¿qué nos dejan las personas que amamos?

Mara Crispino

21

Fernando de la Rosa

FERNANDO DE LA ROSA (BUENOS AIRES, 1998). Poeta, fotógrafo, gestor cultural y estudiante de diseño gráfico en la Universidad de Buenos Aires. Actualmente vive en Capital Federal, donde también organiza ciclos de poesía y música con su proyecto Poesía Sobre Adoquines, que tiene como fin difundir artistas emergentes. Escribe poesía desde la adolescencia, pero empezó a mostrar su obra a modo de poesía oral en 2022.

Luego de pulir en talleres poemas escritos durante la pandemia y la adolescencia, autopublicó su primer fanzine, *Verano De*, en febrero de 2024, y actualmente está por autopublicar su segundo fanzine, *El Lado Triste de la Luna*.

Sus poemas se caracterizan por explorar la identidad marica y la nostalgia, haciendo énfasis en el reconocimiento de lo efímero. Sus principales influencias son poetas como Sylvia Plath, Alejandra Pizarnik, Olga Orozco, Miguel Ángel Lens y desde el ámbito musical Lana del Rey, The Smiths y Beach House, quienes aparecen de alguna manera musicalizando los poemas.

La primera nostalgia

Lo primero que extrañé en mi vida fue el verano

Sonido de chicharras al atardecer
fundidos de motores de micros
largas vías del tren
el sol dorado pegando en la cara
días largos, música hasta tarde

Querer hacer todo antes de
volver a ser presos de la rutina
y el placer bohemio que generaba
el aburrimiento de al final no hacer nada

Pero nada dorado
dorado se queda para siempre
porque el sol eventualmente se esconde
el calor se termina
y las canciones que guardan nuestra historia
se olvidan

La primera nostalgia era extrañar
con la humedad de abril

el canto de las cigarras
mientras leía recostado en una hamaca paraguaya
en su quinta
nos invadía el olor a cloro
y la sombra nos decía que ya hacía frío
para meterse al agua

El vinito en torre del guardavida
a la madrugada
para que no tengamos frío
mientras descubría que en sus brazos encontraba calor
otro tipo de calor
el mismo que él encontraba en mis labios

Las largas caminatas en el muelle
mirando la infinitud de las olas del mar
para hacernos los boludos con el beso que acababa de
                                    [pasar
tan largas eran las caminatas
que aparecíamos en otra playa

El primer porro
probado en una playa de río
mientras las olas se partían en mis pies descalzos
yo pensaba que ese primer extrañarlo
iba a ser para toda la vida

FERNANDO DE LA ROSA

Y resignado me identificaba más con las baladas
                                        [nostálgicas
que con los llamados «temas del verano»

Comentario del autor

Elegí «La primera nostalgia» porque siento que es el poema que define mi manera de escribir; se distinguen los tintes de nostalgia que están presentes en la mayoría de mis poemas, la identidad marica y habla de varios momentos particulares que quienes lo escucharon o leyeron supieron apropiarse y armar la propia película en su cabeza de las escenas narradas.

Comentario de la editora

Podemos en este poema ver cómo la cultura pop atraviesa las experiencias de una generación, quizás el diagnóstico de una época, y entender cómo se ve el amor, el sabor que tiene y la música que acompaña dos corazones que se unen y luego se rompen.

Fernando de la Rosa

22

Nadia Sapag

NADIA SAPAG (JUJUY, 1984). Nació en Perico, ciudad ferial de Jujuy; se crio en Salta capital. Desde hace diez años vive en Córdoba. Música y escritora. En 2019 editó de forma independiente *Podría ser peor*, narrativa poética. En 2021 la editorial de poesía Cae de Maduro editó *Una casa de agua* y en 2023 *Caldo de huesos*. Algunos de sus poemas fueron traducidos al portugués para la revista *Felisberta*.

Escribo un poema como si estuviese en el mar.
Cierro los ojos con fuerza
hasta escuchar las gaviotas.

Se me hace fruta la boca
siento la brisa dorada y suspiro.
La arena. Los recuerdos.

El mar dejó en la orilla tu nombre muerto.
Me acuerdo cuando bailábamos en la cocina
tu andar de playa
masticabas rápido.
En las líneas de tu cara no había preocupaciones
aunque te comías las uñas.
La arena como los recuerdos.

«La crema es para los fideos», decías.
Ponías la mano gordita, así, para hacer aclaraciones.
Entrabas a casa dando señales de pájaro.
Yo respondía silbando una pregunta
que nunca era la misma.
La arena como los recuerdos se meten conmigo.

Comentario de la autora

En mi escritura, a veces los poemas son rituales, un conjunto de talismanes que evocan lo cotidiano. En este que comparto, aparece un juego de recuerdos en lugar de una carencia. Uso algunos gestos en los versos, para mantener animado lo que ya no tiene espíritu. Este poema es un mensaje al pasado que nunca será contestado.

Comentario de la editora

Sensaciones en la panza, olor a comida casera, colores brillantes y pasteles, una casa con olor a canela, la sensación de dormir y que alguien te tape: qué hermoso cuando un poema se convierte en un lugar.

Nadia Sapag

23

Dani Cordero

DANI CORDERO (BUENOS AIRES, 1970). Nació en San Martín, provincia de Buenos Aires. Publica poesía desde hace pocos años en fanzines del Conurbano Bonaerense. Frecuentó los talleres de poesía de Osvaldo Bossi, Gustavo Yuste y actualmente participa del taller de Un Sapo Intuitivo con Javier Roldán.

El obrero que me gusta

hoy se apareció con un pasamontañas
que solo dejan ver sus ojos y su boca
porque hace frío dice y yo no puedo
dejar de mirarle los labios
como
separa
en
sílabas
palabras
que se traban
desde su niñez
yo solo espero ese momento sublime
en que con su lengua disfluente
humedece sus labios resecos por la cal
y el cemento
es ahí donde entro en una
en la que no escucho absolutamente
nada
son solo sus labios
y el silencio
el obrero que me gusta es tartamudo
y yo no puedo hablar de mi deseo.

Comentario del autor

Me inspiró una compañera que tenía obreros en la casa haciendo refacciones. Y se enamoró (calentó) con uno de ellos. Pero no pasó nada, no se animó.

Comentario de la editora

En este poema vemos quizás la mayor posibilidad del poema: mentir para decir la verdad. Disfrazarnos de alguien más para hablar del deseo propio, jugar a ser las personas que nos gustaría o cómo debería funcionar la realidad. Porque también de eso se encarga el poema: pensar otros mundos posibles.

Dani Cordero

24

Juan Ignacio Guitian

JUAN IGNACIO GUITIAN (CÓRDOBA, 1993). Nació en Oli-
va, localidad de la provincia de Córdoba, en septiembre.
Profesor en Lengua y Literatura en el nivel medio, miembro
del equipo de investigación El Modo Gótico en la Literatura
Argentina en la Universidad Nacional de Villa María y pro-
fesor adscripto en la cátedra de Teoría Literaria de la misma
institución. Participó en dos de las antologías realizadas por
Un Libro Una Casa. Leer y escribir es parte esencial de su
vida desde la adolescencia.

Habrán de arrancarnos todos los versos
una por una
quitarnos todas las canciones
todos los sueños
todas las esquinas
todas las calles

Habrán de gatillarnos todas las sienes
uno por uno
mutilarnos los poetas
los ojos
los colores
los amores

Habrán de comernos primero
todas las memorias
y partirnos en pedazos el alma ya rota

Tendrán que extinguir
esta llama
que no cesa

Comentario del autor

Lo elegí porque es uno de los poemas más recientes que considero terminado. Porque nació de la experiencia de estar atravesando un momento de nuestra historia en que el arte, la solidaridad, la memoria, la verdad y la justicia, todas esas cosas por las que peleamos y en las que creemos, se encuentran amenazadas y son abiertamente despreciadas por nuestros gobernantes. En este contexto la poesía —escribirla y leerla —se constituye, para mí, en una forma de resistencia.

Comentario de la editora

La poesía y los libros como registro: estuvimos acá, seguimos creyendo y tenemos sueños pese a todo.

Juan Ignacio Guitian

25

Ana Clara Millán

ANA CLARA MILLÁN (BAHÍA BLANCA, 2003). Estudiante de la Licenciatura en Letras por la Universidad Nacional del Sur, en su ciudad natal, Bahía Blanca. Escribe poesía y publica esporádicamente en sitios web o antologías colectivas. Sus intereses académicos se centran, principalmente, en la poesía argentina y la norteamericana, la cual divulga regularmente en sus redes sociales.

Te digo amor fundaría una ciudad para tus besos
para tu risa que suena igual a una plaza llena de chicos
                                        [contentos
para tus manos moldeadoras de toda la ternura que
                              [existe en el mundo
para tus ojos que se abren como dos flores en el medio
                    [de la noche en el fondo del jardín
una ciudad para nuestro idioma único sobreviviente de
                                          [Babel
tus palabras incluso antes de ser palabras se
                [corresponden a las mías mis morfemas son
hechos a semejanza de los tuyos salen de dos cuerpos
                          [hechos a la medida del amor
te hablo con gestos absurdos desesperados torpes
los dos tenemos la capacidad de asombro de un niño
con esa efervescencia infantil te muestro mis libros mis
                    [discos te muestro cómo me gusta
tomar el café de qué forma enrosco las piernas para leer
                                    [o para amarte
con una sonrisa en la cara pienso que el amor es
aprender al otro no como un alumno en una
escuela sino como quien mira fascinado un cuadro y lo

            [memoriza por no sacarle los ojos de
encima
por cierto te dedico cada cuadro y cada verso que veo
            [el amor es que el Arte tenga nombre y
apellido
te digo mis manos son para escribir y para tocarte no
                        [sirven para nada más
con mis manos llegué y te pedí que me hagas un
                                    [lugarcito:
ya no habito este mundo como antes,
ya no puedo conocer la hostilidad
desde que te amo tengo una casa
te digo amor me alegro de estar viva

ANA CLARA MILLÁN

Comentario de la autora

Elegí estos versos porque creo que resumen mi poética: la ternura, la esperanza y la importancia de las palabras para nombrarlas.

Comentario de la editora

Frank O'Hara nos dice que un poema es una conversación entre dos personas: así este poema, donde la declaración de amor se ve atravesada por lo sensorial y lo trascendental de las sensaciones que nos atraviesan en el momento de quizás mayor éxtasis del ser humano, encontrar un otro que se vuelva uno.

26

Walter Godoy

WALTER GODOY (BUENOS AIRES, 1984). Nació en 1984 en Villa Sarmiento, Morón, provincia de Buenos Aires, Argentina. Publicó *Cómo matar al Papa en 3 días* (Subpoesía, 2015), cuya adaptación teatral se estrenó en 2018; *Intrusas electrónicas* (Mantra Ediciones, 2018 en Nuevo León, México); *Luchemos por la ida* (Milena Caserola, 2016); *Cazador de pokemones* (Artexto-Capuchas, 2017, y Cartonerita Niña Bonita, 2017, en Zaragoza, España); *Consumidor final* (Pocket Ediciones, 2018); *Capricho cósmico* (Cumbiecita Ediciones, 2023), y es coautor de *El flaco presidente y la vuelta del flaco* (Cumbiecita Ediciones, 2024) junto a Lucio Greco. Es ganador del premio Nuevo Sudaca Border 2017 de Eloísa Cartonera, con la saga de poesía Daimon.

SE NECESITAN MÁS LECTORES

No se necesitan malos poetas
ni dos
ni cien
ni mil
dos mil
cien millones
un billón
se necesitan más lectores

un batallón
un ejército
lectores actores
astrales
lectores famas
en la trilla en el pajonal
lectores a sol o a nafta
en llama
se necesitan más lectores

lectores sensores
de códigos de barras
sin anestesia ni protocolo

lectores atropellados
llenos de sangre
lectores calmos
inmaculados
del scroleo al cambio de página
lectores acompañados
lectores consigo mismos
nadie es per se
más inteligente por leer
pero necesitamos más lectores

lectores que sacan su tarjeta
y lo dejan todo
lectores con culpa al consumir
lectores pobres
ricos en mundo interior
ricos que leen y son impermeables
lectores del robo del hurto
lectores bobos

atención lectores
son máquinas de re-significar sentidos
agregar multiplicar borrar reagrupar romper
son algunas de sus funciones
son máquinas de re-suscitar sentidos

WALTER GODOY

tiren de sus ojos
al ver pasar
líneas inteligibles
propagadoras
de la droga lectura

lectores con tacto
lentos
sin juicio
lectores que huelen:
«Glade ha capturado las más delicadas
y refrescantes fragancias de la naturaleza,
llevándolas a tu hogar, dejando los ambientes frescos
[y perfumados»

vienen llegando
más lectores
caen
del pie
tras la sima
algo trillado estos lectores
pero son requeridos
y siguen llegando

lectores valientes
vigilantes

WALTER GODOY

tragados o arrojados
lectores al peso
lectores en vías
sentados parados y acostados
¿nunca te miró
un lector de frente?

lectores de EPUB o PDF
lectores hasta decir PAF
apegados al papel
cyborgs
lectores de caño
de riacho de villa de llanura
lectores catástrofe
lectores achinados
ansiosos
lectores ansiados

como orugas nacen lectores
miles y cientos de neuronas
despiertan
y nacen lectores
lectores en todxs lxs idiomxs
traductores
impunes
empujando al lenguaje

WALTER GODOY

sumergiéndose en él
o arrimando las patas
cayendo por un pozo
lectores encontrando silencio

no se necesitan malos poetas
ni dos
ni cien
ni mil
dos mil
cien millones
un billón
se necesitan más lectores

Comentario del autor

Su inicio es un intertexto con un poema de Fogwill donde anunciaba, para una publicidad de Coca Cola, que se necesitaban más poetas malos. La intención del poema es explícita: poner el foco no en los poetas sino en los lectores de poesía y en general en el poder del lector. Trabajé en la librería Clásica y Moderna, donde había una gran lectora (Natu Poblet) y comprendí el enorme poder de los lectores. Actualmente trabajo en una editorial donde su director es también un lector enorme que antes que editor fue librero y es un lector infatigable. El rol del lector en la industria del libro es fundamental. Y el lector de poesía es un lector todoterreno y un lector, por momentos, *gourmet*. Antes que más escritores (sean o no poetas) necesitamos más lectores. El lector es, ante todo, un escritor silencioso, que remixa lecturas en su mundo interior.

Comentario de la editora

Borges dice que la lectura es un ejercicio de la felicidad. En ese sentido pienso: ¿cómo alguien va a negarse a la felicidad?, ¿quién se lo quiere perder?

27

Consuelo Iturraspe

Consuelo Iturraspe (Santa Fe, 1987). Es dramaturga, directora y poeta. Estudió Dramaturgia en la Escuela Metropolitana de Arte Dramático y cursa la Licenciatura en Artes de la Escritura (UNA). Participó en distintos festivales nacionales e internacionales de poesía y de teatro. Su última obra, *Cemento*, ganó el Premio Banco Ciudad a las Artes Escénicas junto al Complejo Teatral de Buenos Aires. Su obra *Un tiro cada uno* se encuentra actualmente en cartel. En 2020 publicó su primer poemario: *Acaricio perros,* a través de la Editorial Santos Locos, en Argentina, y en Ediciones Liliputienses, España. Su segundo poemario, *En lugar de dormir*, fue publicado en 2024 por Concreto Editorial. Dirige el ciclo de lecturas «Cicatrices» en el Bar Rodney.

BENTEVEO

Nadie me quería
hasta que vi un pájaro
entre las hojas.

Era amarillo,
tenía ramitas en su pico,
buscaba hacer casa en los árboles altos.

No parecía la primera vez
que se apartaba del resto
para encontrar futuro.

Tardó días
hasta que se sentó orgulloso
en su nido.

Yo no pedí esa belleza
pero me gustaba.
Su antifaz lo protegía
del cansancio.

Hice lo mismo:
años después me fui
de una casa a un edificio,
lo llené de muebles,
abrí una ventana,
entraron los árboles,
un pájaro me miró.

Comentario de la autora

De *En lugar de dormir*, Concreto Editorial, Argentina, 2024.

Comentario de la editora

Se cree que el canto de un benteveo anuncia la llegada de personas inesperadas; en otros lugares anuncia nacimientos. Me gusta pensar que cuando estamos solos algo o alguien nos acompaña; en palabras del escritor Ocean Vuong, «incluso la soledad es tiempo que pasas con el mundo».

28

Patricio Foglia

PATRICIO FOGLIA (BUENOS AIRES, 1985). Nació bajo el signo del León y del Búfalo en la ciudad de Buenos Aires, en Villa Lugano. Publicó los libros de poesía *Temperley*, *Lugano 1 y 2*, *Tokio*, *Todo lo que sabemos del cielo*, *Sampler*, *Oscuras flores de duelo* y la *plaquette Perros de Buenos Aires*. Tradujo, junto con Natalia Leiderman, *Salto del ciervo* (Sharon Olds); *El pájaro rojo*, *El trabajo del sueño* (Mary Oliver), y *Cuerpo mi casa* (May Swenson). Estudió coctelería, ciencia política y tarot. Mg. en escritura creativa de la UNTREF. Fue parte del equipo de producción del Festival Poesía YA, CCK, a cargo de Gabriela Borrelli Azara. Algunos poemas suyos forman parte de diversas antologías y blogs.

De tal palo

Mi madre
rouge bijouterie

mi padre
traje y corbata

mi madre
copa de vino

mi padre
vaso de agua

mi madre
fitness

mi padre
siesta

mi madre
chispa

mi padre
piedra

mi madre
música

mi padre
(silencio)

Patricio Foglia

Comentario del autor

No recuerdo exactamente cuándo escribí este poema (de *Una mochila llena de dios*, inédito), pero creo que fue después de terminar la maestría de escritura, a cargo de María Negroni, hace un par de años. Huyendo de mis padres, encontré a mis maestros (los poetas Osvaldo Bossi, Estela Figueroa; y sus lecturas, que pronto fueron las mías: Cavafis, Edgar Lee Masters, Sandro Penna). Huyendo de la maestría, volví al principio, pero renovado. Supongo que siempre necesito volver al principio; resetearme para fracasar de nuevo, mejor. En definitiva, como sabemos, todo poema es la partitura de un fracaso. Ojalá pronto vuelva a sucumbir una vez más; como para no perder la costumbre, digamos.

Comentario de la editora

El reconstruir fragmentado de los seres que de alguna forma nos estructuran como persona: nuestros padres. Recuerdos engarzados para decir algo más profundo, las taras y gestos que nos dejan aquellos que amamos y lo que hacemos con todo eso.

Josefina del Pópolo

Josefina del Pópolo (Chubut, 1992). Nació en la Patagonia, Argentina. Es poeta y productora teatral. Vive en Buenos Aires desde el año 2010. Es licenciada en Artes por la Universidad de Buenos Aires. Asistió a los talleres de poesía con las docentes Flavia Calise, Malena Saito y Cecilia Pavón, entre otras.

Como escritora, publicó *Te puedo invocar por partes* (Elemento Disruptivo, 2023), su primer libro de poemas, y formó parte de la antología lesbiana *Alguien muerde el extremo de su nombre* (Elemento Disruptivo, 2022) y de *Mujeres Autoras* (FERA, 2018). En 2023 también formó parte de la segunda antología de Nuevas Narrativas, editada por Francisco Giarcovich, con su cuento «Ciencias naturales».

alguien le dedicó a la persona que ama el Obelisco
otra escribió en alguna parte:
sos la calle más linda de Buenos Aires

a la chica que me gusta le regalé la ciudad
los brazos del río de Paraná dan ganas de besarse

sólo por hoy nos decimos te quiero

amigas dicen que soy una romántica
y eso es cierto pero

las palabras y las cosas son de todas las personas
las palabras y las cosas son de todas las personas
las palabras y las cosas son de todas las personas

Comentario de la autora

Un domingo a la salida del trabajo, le mandé una foto a la chica que me gusta y agregué en el mensaje: «te regalo la ciudad». Después, me pregunté cuántas personas le dedican dominios públicos a sus enamoradxs. ¿De quién será la Torre Eiffel? Las cosas y las palabras son de todas las personas.

Comentario de la editora

El amor nunca es de a dos. El amor siempre se amplifica, te hace más bondadoso, compañero, te hace mirar al mundo sin desprecio, sin rencores.

Josefina del Pópolo

30

Martina Cruz

MARTINA CRUZ (BUENOS AIRES, 1997). Nació en Temperley, provincia de Buenos Aires. Es poeta, tallerista y guionista. Estudió guion cinematográfico en la ENERC y actualmente estudia Comunicación Audiovisual en la UNSAM. Publicó *Camino negro al fondo* (El Rucu Editor), *Call Center* (Rama Dorada), *El tiempo me está tatuando* (Ausencia Editora), *Cuando se incendia mi casa* (Elemento Disruptivo), *Un idioma que hace ruido de fósforo* (Bombal), *Manos como nubes* (Santos Locos), *Parkour emocional* (Sudestada) y *Las cosas inútiles* (Santos Locos). También fue publicada en revistas y fanzines de Argentina, México, Turquía e Italia. Participó en varias lecturas en Argentina, Uruguay, Inglaterra y España. En 2025 estrenó su primer largometraje: *Nuestra cosa perdida*.

UN HOMBRE ME DEJA SU ASIENTO EN EL TREN

cree que estoy embarazada
lo acepto
estoy cansada de trabajar
cuando me siento sostengo mi panza
la toco como se tocan las cosas frágiles e invencibles
pienso qué nombre le pondría
a mi hija
me pregunto
si yo tendría las agallas
de dónde sacaría la fuerza
pienso en mi mamá embarazada
llevándome en su cuerpo
con veinte años yendo a trabajar todos los días
en este mismo tren lleno y destartalado
cansada como yo
me pregunto si alguna vez se arrepintió
qué sostuvo
cómo pudo
cuántas noches
tuvo miedo
de no ser suficiente

sé que en todos los poemas que escribí
intento hacer las paces con ella
pero en este lo voy a lograr.
Lo estoy logrando.
Lo estoy logrando.

MARTINA CRUZ

COMENTARIO DE LA AUTORA

Lo escribí en el tren que me lleva de la provincia a la capital. De mi casa al trabajo. Lo elegí porque representa mi forma de escribir: en movimiento, yendo a algún otro lado, en el rincón y momento que se puede. La escritura insiste. Se hace lugar. Además, habla de mi familia, habla de la herencia y las dudas. Siento que esos son varios de los temas que se repiten en mi obra. Hay algo que sabe el poema que nosotros aún no tenemos ni idea. Me encanta cuando, por fin, aparece, sale del escondite.

COMENTARIO DE LA EDITORA

Me gusta este poema porque nos lleva a una costumbre quizás universal: ver en lugares comunales y empezar a espiralar a partir de entender que somos historias yendo al trabajo, criando otras historias, amando a otras historias y así la vida y quizás ese es el milagro.

MARTINA CRUZ

31

Siro Badaracco

Siro Badaracco (Entre Ríos, 1998). Es nacido y criado en la ciudad de Gualeguay, Entre Ríos, tierra de grandes poetas como Juan L. Ortiz o Emma Barrandeguy. En la adolescencia se mudó a la ciudad de La Plata, en donde se formó como docente y psicólogo, y donde vive hoy en día. Su recorrido artístico como tal es más bien breve. Siempre encontró en la literatura un lugar de resguardo, un refugio. Si bien siempre la escritura lo acompañó, primero en forma de cuentos y luego poesía, recién ahora se ha animado a compartir algo de todo eso. Ha tenido el agrado de participar en algunas convocatorias de poesía «sin entender del todo aún hoy que esto que escribe puede llegar a gustarle a otros».

Algunas de ellas fueron Anuario de Poesía Contemporánea 2022 Un Libro Una Casa; Convocatoria Campo, editorial Camalote (2022); Convocatoria Niñez, editorial Camalote (2023), y *Antología por la memoria*, editorial Trafkintu (2023).

AGRADECIMIENTO

Nunca pude escribir poemas felices.
La felicidad plena, como la palabra justa,
siempre me fueron vedadas.
Será la condición del sujeto,
la imposibilidad del lenguaje.
Será que nunca fui bueno para la poesía
ni para la felicidad.
Será que esa es mi lucha, mi contienda.
Será que escribo desde la tristeza
por la institución de una ternura.
Será que escribo por la belleza de este mundo
para devolver un poco
de todo el amor que vos me diste.
Gracias,
esta noche pude.

Comentario del autor

El poema elegido lo escribí hace un tiempo atrás, para la que era mi novia en ese entonces. Ella fue quien supo alojar por primera vez algo que yo había escrito y quien me hizo una devolución que me marcó a fuego. Ella fue quien me motivó a compartir este amor que siento por la poesía. A ella también le escribí mis mayores poemas. Hoy ya no estamos más juntos, pero puedo afirmar que nuestro amor se mantiene vigente en todas estas palabras que, como le dije una vez, ya no son mías porque le pertenecen.

Comentario de la editora

Como cuando Alejandra Pizarnik escribió «esperando un mundo que sea desenterrado por el lenguaje», este poema nos hace creer que solo el amor y la ternura pueden hacer decir lo que nunca diríamos.

32

Ailín Moreno

Ailín Moreno (Buenos Aires, 1994). Es poeta y artista visual. Publicó los poemarios *Patinaje sobre hielo* (Concreto, 2019) y *Los diamantes solo brillan si les da la luz* (Acordeón en Argentina y Forma en Uruguay, 2022) e integra la antología *Hablemos de amores* (Somos Centelleantes, 2021). Se formó en distintos talleres de fotografía desde la adolescencia y en fotoperiodismo en ARGRA. Participó de los programas para artistas PAC (Galería Gachi Prieto) y Manglar (Galería Acéfala). Actualmente brinda clínicas de poesía y sigue explorando el cruce entre la escritura y la imagen.

Spaghetti a mezzanotte

el escenario del reencuentro
suave y mullido
una bruma cálida
un hogar
que nunca nos iba a pertenecer

nos metimos en la cama
con urgencia
no hubo fuegos artificiales
solo confesiones
susurradas al oído

¿a dónde se va
esta energía
cuando nos alejamos?
¿cómo hace
para encontrar siempre
el camino para volver?

no me acuerdo
si íbamos de la mano
por las calles de adoquines

hablando en el idioma
que todavía era nuestro

en la fontana di trevi lo supe:
quiero morirme en mi país

AILÍN MORENO

Comentario de la autora

Este poema lo empecé a escribir en mi cabeza durante un viaje a Europa que me enfrentó con muchas preguntas y algunas respuestas. Lo terminé de escribir a mi regreso, en Buenos Aires, y lo elegí para la antología porque me gusta la idea de que sea publicado en Europa, volviendo de alguna forma al lugar en donde se originó y cerrando quizás el círculo.

Comentario de la editora

Este poema me hace pensar en la relación sentimental que tengo con mi país. Por eso, quizás, elegí que cierre la antología. Quiero conocer otros países, claro, tengo el mismo espíritu aventurero que los que se van de viaje muchos meses a conocer otros países, seguramente cuando tenga la oportunidad lo haga. Pero siempre con la idea fija de volver, porque Buenos Aires es mi casa y Argentina un país que nunca pierde la esperanza.

Todas las erratas de este libro
han sido colocadas estratégicamente.